Victor Egger

# La Physiologie cérébrale et la psychologie

*Essai*

ISBN : 978-1542711043

10  9  8  7  6  5  4  3  2  1

Victor Egger

# La Physiologie
# cérébrale
# et la psychologie

*Essai*

# Table de Matières

# Introduction

« La psychologie vraiment scientifique, c'est la physiologie du cerveau. » voilà une proposition aujourd'hui banale et qui passe à l'état de lieu commun dans les préfaces des traités sur le système nerveux publiés par le médecins les plus en renom. On répète sous toutes les formes que la vieille méthode psychologique, l'observation intérieure, est usée, vaine, convaincue d'impuissance. On apprend désormais à connaître l'âme, non par la réflexion, mais par l'autopsie des cerveaux avariés : le trépan et le scalpel ont détrôné la conscience ; les figures schématiques remplacent les listes de facultés, chères à l'ancienne école. L'âme n'est que « l'ensemble des fonctions du cerveau, » et la psychologie qu'un chapitre de la physiologie. Pour l'élever au rang de science digne de ce nom, il faut procéder comme pour les fonctions du cœur et de l'estomac ; le problème est du même ordre, la méthode identique.

Les esprits les plus éminents et les plus indépendants de l'École de médecine de Paris se sont faits les champions de cette idée. Aucun n'a reconnu les obstacles insurmontables que la logique oppose aux prétentions envahissantes de la physiologie. Aucun n'a songé à démentir ces paroles de Stuart Mill : « Les physiologistes ont plus que personne le travers commun à tous les genres de spécialistes ; ils se butent à chercher dans leur propre spécialité la théorie entière des phénomènes qu'ils étudient, et ne ferment que trop souvent l'oreille aux explications venues d'ailleurs.[1] »

L'apparition récente du livre de M. Luys sur *le Cerveau et ses fonctions* a mis dans son plein jour la tendance de l'école dont il est, sinon une des lumières incontestées, du moins un représentant fidèle. M. Luys est un soldat d'avant-garde ; il ignore les ménagements et les hésitations : esprit systématique, il a poussé jusqu'à leurs plus extrêmes limites les idées généralement admises autour de lui. Là où ses confrères ajournent leurs espérances, il affirme sans crainte et sans réserves. Il a hasardé le premier une psychologie physiologique ou une psycho-physiologie complète ; il veut, il croit tout expliquer, il ne laisse aucun problème sans une solution apparente, qu'il expose avec une conviction absolue.

---

1 Stuart Mill, *Étude sur Berkeley.*

Victor Egger

Malheureusement, quand on opère avec une méthode vicieuse, plus on lui demande, moins elle donne ; plus on croit obtenir d'elle, plus on est trompé. Aussi les résultats proclamés par M. Luys ont-ils été loin d'obtenir l'assentiment des esprits sages de son école : sans méconnaître la haute valeur des travaux anatomiques qui assurent à son nom une durable et légitime notoriété,[1] ils se sont élevés contre les conclusions prématurées, les hypothèses aventureuses de sa physiologie cérébrale : l'auteur du nouveau traité sur *le Cerveau et ses fonctions* compromettait la méthode en voulant obtenir de force des résultats qu'elle donnera un jour, mais qu'il faut savoir attendre en les préparant patiemment.

Pour nous, nous nous applaudirions volontiers de la publication de l'ouvrage, de M. Luys comme d'un service rendu à la cause de la vérité, si les réflexions qu'il a provoquées et celles qu'il provoquera encore pouvaient être le signal d'une réaction contre la méthode même dont il s'est inspiré après tant d'autres, et dont les défauts peuvent désormais, grâce à lui, apparaître aux yeux les plus indulgents. On peut juger de l'arbre par les fruits : suivre pas à pas M. Luys dans les parties successives de sa doctrine, scruter ses affirmations à la lumière d'une critique impartiale, fondée sur la logique et le sens commun, ce serait un moyen, et même un moyen facile, bien qu'indirect et compliqué, de faire le procès de la méthode physiologique appliquée à la psychologie ; ce serait la réfuter par ses conséquences, ou, comme disent les logiciens, par l'absurde. D'autres l'essaieront peut-être. Quant à nous, c'est l'esprit même du livre, c'est la méthode psycho-physiologique que nous voulons prendre à partie : nous essaierons de juger ses titres au gouvernement de la science de l'âme ; nous l'aborderons directement, et nous l'étudierons en elle-même, sans nous préoccuper des applications que M. Luys ou d'autres auteurs en ont faites, sinon pour appuyer de quelques exemples les réflexions qui vont suivre.

---

1 *Recherches sur le système nerveux cérébro-spinal*, avec un atlas de 40 planches, 1865. — *Iconographie photographique des centres nerveux*, 1873. — Ces deux ouvrages ont été couronnés par l'Académie des sciences) le livre que nous étudions en contient un résumé dans sa première partie.

## Section I

Toute doctrine de psychologie physiologique ou de physiologie cérébrale à prétentions psychologiques, ce qui revient au même, porte sur deux ordres de faits : d'une part des faits étendus ou matériels, d'autre part des faits inétendus ou psychologiques, vulgairement nommés *spirituels*. Les faits étendus sont, en premier lieu, les cellules, les fibres, etc., en un mot les organismes anatomiques ; ce sont ensuite les mouvements de ces organismes ou de leurs éléments, ou bien les mouvements d'entités matérielles, comme l'électricité, le magnétisme, etc., mouvements qui ont ces organismes pour théâtre. Les faits inétendus sont les pensées, les sentiments, les volontés ou volitions. Ces deux ordres de faits sont différents jusqu'à l'irréductibilité. Les uns sont essentiellement étendus, les autres essentiellement inétendus. Rien ne peut, ni dans la réalité, ni dans notre imagination, ôter aux premiers, ni donner aux seconds le caractère de l'étendue ; voilà en quoi et pourquoi ils sont irréductibles. Cette irréductibilité est actuellement reconnue comme la donnée fondamentale de toute science anthropologique par les savants anglais, psychologues ou physiologistes, et c'est un physicien, Tyndall, qui en a donné la formule la plus heureuse.[1] Sans cet axiome indiscutable, pas de science de l'homme digne de ce nom, c'est-à-dire précise et rigoureuse ; rien que des demi-vérités, obscures, équivoques, provisoires, attendant l'analyse et la vérification ; aux idées confuses correspond un langage contradictoire et incohérent, qui ne porte dans les esprits qu'une lumière douteuse et troublée.

Il serait temps que la physiologie française daignât se laisser convaincre par l'exemple des physiologistes anglais, au lieu de continuer à accuser les psychologues de rester dans une ignorance funeste à l'égard de ses découvertes. La prétention à un isolement légitime est moins grande, aujourd'hui du moins, en France, chez les psychologues que chez les physiologistes ; nous ignorons moins ceux-ci qu'ils ne nous ignorent. Ajoutons qu'à rester dans leur isolement ils perdent plus que nous ne ferions en

---

1 Conférence sur *les Forces physiques et la pensée*. — M. Claude Bernard a proclamé la même vérité, mais en se plaçant à un point de vue différent, dans une page remarquable de son discours de réception à l'Académie française.

Victor Egger

les imitant : la psychologie peut se constituer indépendamment de la physiologie ; mais la réciproque n'est pas vraie : la physiologie cérébrale doit au contraire s'appuyer sur une psychologie ou latente ou formelle. C'est ce que nous allons expliquer.

Les faits inétendus se suffisent à eux-mêmes. Qui dit pensée ou sentiment ou volonté entend suffisamment ce dont il parle. Si l'on veut étudier ces questions : Quelles sont les différentes sortes de pensées ? quelles sont les différentes sortes de sentiments ? quelle influence la pensée exerce-t-elle sur la naissance et le développement des sentiments ? ou d'autres questions du même genre, le problème est posé en termes parfaitement clairs, la clarté des énoncés est complète, suffisante ; la connaissance anatomique du cerveau ne saurait apporter aucune lumière nouvelle ; on pourrait même ignorer l'existence du cerveau et traiter tous ces problèmes sans la moindre incompétence. Au contraire, une fois que l'on est sorti de l'anatomie du cerveau et que l'on aborde la physiologie de cet organe, on est dans l'obscurité la plus complète. Le cerveau anatomique est visible et tangible, tandis que ses fonctions physiologiques échappent à toute observation. Là, rien n'est visible, rien n'est tangible ; il n'y a rien ; la fonction du cerveau est une inconnue dont l'équation n'est même pas posée.

Il semble pourtant qu'il y ait quelque chose ; voici comment. Partout ailleurs dans les phénomènes vitaux, entre l'organe et sa fonction le rapport est clair ; la fonction se voit ou s'imagine sous la forme de l'organe lui-même en mouvement ; le fait anatomique et le fait physiologique sont, étendus l'un et l'autre ; le second est la suite du premier et le complète : c'est le premier, plus quelque chose ; un fait physiologique est un fait *anatomo-physiologique*. Quand on parle des fonctions du cerveau, on imagine, par analogie, des mouvements, et la chose en mouvement est, dans cette imagination, la chose anatomique, la substance cérébrale. Mais cette vue de l'esprit reste une simple *imagination par analogie*, une comparaison sous forme d'image ; rien ne la précise, rien ne l'éclaircit, rien ne la confirme ; le fait supposé est, selon l'analogie, le fait anatomique, plus quelque chose ; mais ce *quelque chose* est une $x$ irréductible. D'autre part, les faits inétendus, purement successifs, sont là pour combler ce vide. On sait vaguement qu'entre cet ordre de faits et le cerveau existe d'une manière générale le même rapport qu'entre un organe et sa fonction, c'est-à-dire que la richesse et la coordination des faits inétendus sont en rapport direct avec le volume et la santé du cerveau ; en effet, l'intelligence croît, chez les enfants, avec le cerveau, comme les forces croissent avec les muscles ; une commotion à la tête entraîne des troubles de l'intelligence et du sentiment ; la science a noté depuis longtemps un certain nombre de faits du même genre, tous très généraux. Donc, dit-on, la fonction du cerveau, c'est la pensée, plus les autres faits inétendus qui se produisent avec la pensée.

Fort bien ; mais, entre ce rapport de fonction à organe et le rapport ordinaire, il y a une grande différence, et c'est ce qui rendra si difficile toute localisation particulière et précise d'un acte de l'âme déterminé dans une région spéciale du cerveau. Ailleurs, la fonction, c'est la fonction de l'organe, c'est l'organe en fonction, l'organe en mouvement ; c'est l'organe, plus quelque chose. Ici, la fonction est *sui generis*, à part, sans rapport avec l'organe, hétérogène à l'organe et à tout l'organe et à tout mouvement ; c'est un monde à part, le monde inétendu.

Ainsi, d'un côté nous avons l'organe tout seul, nous n'avons pas ce quelque chose de l'organe qui s'ajoute à l'organe et constitue sa fonction ; de l'autre côté, nous avons quelque chose qui est aussi tout seul, *sui generis*, à part. Ici, un organe sans fonction ; là, une fonction en quelque sorte inorganique, ou plutôt une prétendue fonction dépourvue des caractères essentiels de la fonction, incapable de jouer le rôle qu'on lui attribue.

On suppose avec raison que ce monde inétendu équivaut à la fonction inconnue. Soit, il en est l'équivalent ; mais il ne la remplace pas pour la science, car aucune découverte ne pourra établir entre une pensée et un élément cérébral ce lien qui existe entre un muscle et une contraction, entre une glande et une sécrétion.

Voilà donc deux sciences, l'anatomie cérébrale et la psychologie, qui sont incapables de se prêter le moindre secours : elles peuvent et elles doivent se constituer dans l'indépendance la plus parfaite ; elles ne se supposent pas mutuellement ; un infranchissable abîme sépare leurs objets. L'anatomiste ne perd rien à ignorer l'âme ; de même le psychologue ne perd rien à ignorer la constitution du cerveau : chacun d'eux doit donc faire son œuvre dans l'isolement, sans se préoccuper du travail et des découvertes de l'autre. Les deux sciences sont également simples et claires quant à leurs données et à leurs méthodes. L'une et l'autre ont pour fins des descriptions aussi complètes et détaillées que possible, ici d'un ordre de faits étendus, juxtaposés, solides et colorés, là d'un ordre de faits tout différents, faits inétendus, simplement successifs ou contemporains.

De plus, la psychologie peut dépasser la description, s'élever au rang des sciences inductives, déterminer les lois de la succession ou de la coexistence des faits inétendus, et cela sans sortir de son domaine propre. E)le peut, sans en sortir davantage, reconnaître au sein de l'activité psychologique des éléments supérieurs à l'expérience, les affirmer, déterminer leur relation avec les faits de l'âme, passer des faits et de leurs lois au principe métaphysique des faits, démontrer l'existence des formes et catégories de l'entendement, l'innéité de certaines inclinations, la causalité libre du moi : elle ne cesse pas pour cela d'être la science de l'inétendu ; elle ne sort pas de ses limites nécessaires, ou du moins ce n'est pas au nom de sciences dont l'objet n'est pas le sien et n'est pas supérieur au sien qu'on peut lui refuser le droit de passer des spéculations dites *positives* aux spéculations métaphysiques.

Il n'en est pas de même de l'anatomie du cerveau ; l'essor lui est défendu ; elle ne s'élèvera aux lois qu'en perdant son nom, sa méthode, la sûreté de ses recherches ; il faut qu'elle devienne une physiologie, qu'elle passe de l'observation palpable, évidente, à l'hypothèse aventureuse, qu'elle scrute, non plus le cadavre, instrument inerte et docile, mais le malade, être vivant qui réagit, chaos de phénomènes complexes et obscurs, mystère plein de contradictions. Pour se reconnaître dans ce labyrinthe, il faut à la science du cerveau, comme fil conducteur, un programme de recherches bien formulé, aussi précis et rigoureux que possible. Ce programme, la psychologie le lui fournit, ou, pour mieux dire, c'est la psychologie elle-même. L'inconnue, c'est la fonction cérébrale en tant que cérébrale, en tant que représentable sous la forme du cerveau en fonction, sous forme étendue et visible. Or cette fonction, la psychologie l'a étudiée sous une autre forme, forme donnée à notre conscience et que nous connaissons immédiatement, sous la forme d'une succession de faits inétendus. Le problème physiologique est donc de trouver la *formule cérébrale* de tout fait de conscience et de toute loi établissant entre des faits de conscience une connexion naturelle dans la durée. Pour poser un problème de ce genre, pour en avoir même l'idée la psychologie est nécessaire.

La physiologie du cerveau demande donc une double base, l'anatomie d'une part, comme toute étude physiologique, puis la psychologie. Sans une connaissance préalable de la psychologie, la physiologie du cerveau est impossible ; elle n'a ni méthode, ni données.

## Section II

A ceux qui lui ont déjà fait ces objections, nous imaginons que M. Luys a dû répondre, comme Galilée : « *E pur si muove.* J'ignore la psychologie et les psychologues ; je fais plus, je les dédaigne, et pourtant j'ai fait une physiologie du cerveau ; mon œuvre est là, elle est complète : puis-je douter de son existence ? Elle était possible, puisqu'elle est. Comme Diogène, j'ai prouvé le mouvement par une preuve irréfutable, en marchant. La sophistique des psychologues ne vaut pas la peine d'une réfutation en règle.[1] »

Notre sophistique serait fort en peine d'elle-même, s'il ne lui était facile d'expliquer comment M. Luys a marché. Il ne pouvait le faire sans psychologie, et nous reconnaissons volontiers qu'il y a de la psychologie dans son livre ; aussi bien, sans une certaine dose de psychologie, ce livre n'aurait pu voir le jour.

C'est qu'il y a deux psychologies, celle du sens commun et celle des psychologues, exactement comme il y a deux physiques, celle du paysan et celle du physicien, deux sciences du corps humain, celle de tout le monde et celle des docteurs en médecine. L'ignorant sait qu'il marche avec ses jambes, voit avec ses yeux, entend par les oreilles ; il dira à l'occasion qu'il souffre de l'estomac, que son cœur bat, etc. Il distingue de même les trois états des corps sous

---

1 Nous n'oserions prêter de pareilles expressions à un auteur qui mérite le respect de ses adversaires par son absolue sincérité et son entier dévouaient à la science, si nous ne trouvions dans sa préface des phrases comme celle-ci : « Il va de soi que cet ordre d'études doit appartenir en propre au médecin physiologiste et au médecin physiologiste seul. C'est à lui qu'il est donné désormais de revendiquer comme son patrimoine propre *ce domaine de la science de l'homme où, pendant tant de siècles, la philosophie spéculative a si longuement et si stérilement péroré.* »

Victor Egger

les noms de terre, eau, air ou vapeur ; il sait que le tonnerre et l'éclair sont frères, que le vent amène les nuages, que les nuages contiennent la pluie et que la pluie fait pousser les moissons. Il sait aussi ce que veulent dire les mots *savoir, croire, hésiter, désirer, vouloir, aimer, craindre*, il sait que toutes ces choses constituent ce qu'il appelle *je, moi*, lui-même, son caractère, son *âme*, si ce mot ne lui est pas étranger, sa *personne*, en tant qu'elle ne se voit pas, et qu'il peut, s'il a quelque empire sur sa physionomie, la cacher à tous les yeux. Sa science, en ce domaine comme dans les autres, va aussi loin et ne va pas plus loin que le langage qu'il parle et qu'il entend. Le langage le plus vulgaire, le plus pauvre, contient une esquisse de la psychologie, comme il contient une esquisse de la physique et de la science du corps humain, esquisse superficielle, vague, confuse, qui est à la psychologie des psychologues ce que la théorie des quatre éléments est à la physique d'aujourd'hui, ce que l'anatomie et la physiologie d'Homère sont à l'anatomie et à la physiologie de l'école de Paris en 1877. Le sens commun, c'est la science commune ; elle s'exprime par le langage courant ; science précieuse, seul moyen d'entente entre le maître et l'écolier au début d'un enseignement quelconque, mais simple point de départ, indigne du nom de *science*, si l'on prend ce mot dans son acception véritable, car il n'y a là ni précision, ni divisions rigoureuses, ni aucune des qualités qu'on demande à un ensemble de notions, même très simples et très évidentes, pour les élever au rang de science.

Voilà la psychologie de l'auteur du *Cerveau et ses fonctions* ; il s'en est contenté, à peine y a-t-il ajouté quelques-unes des distinctions et des lois établies depuis longtemps et vulgarisées par un enseignement de plusieurs, siècles, comme la division trinaire de l'intelligence dans les anciennes logiques : concevoir, juger, raisonner. Ainsi renforcée, cette psychologie de tout le monde lui a suffi. Mais son tort le plus grave, c'est qu'il paraît n'avoir pas même remarqué l'originalité des notions de ce genre dont il s'est servi. S'il les avait formulées à part, on pourrait du moins excuser leur pauvreté ; mais il n'en est rien : sans avertissement, sans préparation aucune, des données psychologiques sont introduites par lui dans son exposé de l'anatomie du cerveau ; elles font leur apparition conjointement à des formules physiologiques auxquelles elles sont

Section II

intimement mêlées, sans qu'aucune règle paraisse avoir présidé à l'accouplement de ces expressions discordantes.

Quand, dès sa préface, M. Luys nous annonce et pose en quelque sorte comme aphorisme que « *le cerveau sent*, se souvient et réagit, » nous déclarons déjà ne pas comprendre, et l'incohérence des théories qui nous sont promises nous apparaît comme en germe dans cette proposition, si simple qu'elle soit, si évidente qu'elle paraisse à beaucoup d'esprits. En effet, *sentir* est un fait psychologique ; c'est *moi* qui sens, *je* sens, ce n'est pas le cerveau ; ce fait, *je sens*, correspond sans doute à un état du cerveau, mais cet état ne peut être désigné par le mot *sentir*, qui est un terme psychologique ; l'état cérébral qui correspond à la sensation demande à être nommé selon sa nature, qui est physiologique, cérébrale, étendue, c'est-à-dire physique, dans la plus large acception de ce mot ; c'est un fait physiologique, à base anatomique, un fait *anatomo-physiologique*, si on le définit, on doit trouver le cerveau dans la définition ; mais dire que *le cerveau sent*, que c'est le cerveau qui sent, c'est dénaturer le fait de sentir et dénaturer l'acte du cerveau.

Nous n'avons garde de nous étonner que, ayant ainsi envisagé la sensation, l'auteur du *Cerveau et ses fonctions* ait accordé une large place à la *sensibilité inconsciente*. Il n'est responsable ni de cette tendance, aujourd'hui à la mode, ni de cette expression, qui, vulgarisée avec la théorie des actions réflexes, est aujourd'hui presque consacrée. En dépit de l'usage, elle constitue, à parler rigoureusement, un non-sens formel : *sentir* est un terme psychologique ; l'adjectif *inconscient* signifie que ce *sentir*-là est hors de la conscience, c'est-à-dire hors du domaine de la psychologie. L'accouplement de ces deux mots signifie seulement que, par analogie, on croit pouvoir supposer, dans certains cas où l'observation intérieure ne donne pas de sensation, l'$x$ anatomo-physiologique que l'on suppose toujours quand l'observation intérieure donne des sensations.

Revenons à la sensation consciente. M. Luys donne quelque part cette explication de la vision : « Quand la lumière atteint la rétine, l'élément nerveux est frappé dans sa sensibilité intime, il s'érige, il entre en arrêt, il est attentif. » Il n'est pas besoin que le lecteur soit profondément versé dans la psychologie pour que son

Victor Egger

esprit se refuse à comprendre un pareil langage. Qu'est-ce que la *sensibilité intime* d'un élément nerveux ? Un mot vide de sens ou une entité ; si c'est une entité, les vitalistes seuls, puisqu'il n'y a plus de scolastiques, pourront l'admettre ; alors que devient la méthode expérimentale et positive dont M. Luys et toute l'école de Paris se disent les partisans exclusifs ? qu'est-ce ensuite pour un organe *qu'être frappé dans sa sensibilité* ? quelle lumière enfin apportent à la question les trois métaphores, la première physiologique, la seconde cynégétique, la troisième psychologique, par lesquelles la phrase se termine ?

Ces sortes de phrases sont malheureusement familières à M. Luys ; il y en a en ce genre de plus longues et de plus extraordinaires, qui, paraissant à première vue enveloppées d'une ombre mystérieuse, perdent toute signification réelle, toute valeur scientifique, pour peu qu'on essaie de les traduire en un langage plus simple et plus rigoureux. D'autres, et de plus autorisés,[1] ont fait cette critique avant nous et l'ont appuyée d'exemples significatifs ; aussi est-il superflu d'y insister. Notons cependant un fait étrange : dans le chapitre si important, si central en un pareil livre, du jugement, M. Luys a négligé de distinguer et les éléments constitutifs du jugement et ses différentes espèces, malgré quoi il n'éprouve aucun embarras à décrire le *processus* physiologique du jugement !

Notre intention, nous l'avons dit, n'est pas de poursuivre dans les théories particulières la critique des procédés de pensée et de style qui sont habituels à M. Luys, et qui semblent être devenus pour lui, tant sa sincérité est profonde, sa conviction absolue, comme une seconde nature dont il ne peut secouer l'impérieuse domination. Nous allons concentrer notre examen sur un point capital, sur la distinction, fondamentale en psychologie, des trois opérations de l'âme, et sur la nature de la loi qui relie ces trois opérations. Cette loi, nous l'énoncerions ainsi, dans notre langage : 1° le corps agissant sur l'âme, elle sent ; ou mieux, certain phénomène du corps, appelé *impression*, est l'occasion qui suscite un phénomène psychologique, la *sensation* ; 2° l'activité propre de l'âme est suscitée par la sensation : il se produit une série plus ou moins longue et complexe de faits psychologiques dont les faits du corps ne paraissent à aucun degré causes ou effets ; cette succession

1 M. P. Janet, M. Delbœuf.

est variable et dans sa durée et dans la nature particulière de ses éléments ; mais elle consiste toujours en *pensées* et en *sentiments*, et elle se termine souvent par une *volonté* ; 3° à la suite de ces faits, et spécialement à la suite d'une émotion ou d'une volonté, a lieu le mouvement, instinctif ou volontaire selon les cas, des organes moteurs du corps. En résumé, d'abord l'âme est *effet*, ensuite elle est *indépendante*, en dernier lieu elle est *cause*.

La formule ordinaire des physiologistes sur ce sujet est : *la sensation — se transforme — en mouvement*, formule creuse où l'on voit un *phénomène intérieur — devenir — un phénomène extérieur*, mais qui peut recevoir une interprétation moins défavorable si l'on se contente d'y voir l'expression de la relation toute physiologique qui existe, par l'intermédiaire mystérieux des faits psychologiques, entre l'impression des organes des sens et le mouvement musculaire ; elle signifierait alors : le phénomène intérieur causé par un phénomène extérieur — cause à son tour — un phénomène extérieur. Cette traduction de la formule consacrée a l'avantage d'en supprimer l'hypothèse inintelligible de la transformation d'un phénomène d'un genre particulier en un phénomène tout différent. Mais, sous une forme ou sous une autre, cette formule laisse intact le problème qu'elle croit résoudre : résumant toute l'activité intérieure, entre son premier fait, la sensation, et son dernier, la cause immédiate du mouvement, par un mot vide de tout sens positif, *transformer* ou *causer*, elle dissimule toute la série des faits intérieurs, tout l'objet de la science psychologique, sans expliquer le mystère de la succession des faits hétérogènes.

Le nouvel ouvrage sur *le Cerveau et ses fonctions* témoigne d'un effort louable pour préciser ce que la formule traditionnelle laissait dans le vague. On jugera si, en fin de compte, l'auteur est arrivé à un résultat plus satisfaisant. Il dit d'abord (nous avons déjà cité cette proposition) que « le cerveau *sent, — se souvient, — et réagit.* » Cette fois, les trois faits sont du même ordre, ce sont des faits psychologiques ; *sentir* est le premier fait de la série psychologique ; par *réagir*, il faut entendre évidemment le dernier fait de la même série : le mouvement, phénomène extérieur, est ici remplacé par son antécédent immédiat, la cause du mouvement. Mais cette expression, *réagir*, est bien vague, et la précédente, *se souvenir*, si elle est plus déterminée, plus positive, plus scientifique que *se transformer* ou *causer*, nous parait bien insuffisante : vraiment, n'y a-t-il que des souvenirs entre la sensation et la détermination du mouvement ? l'âme n'est-elle qu'une mémoire ? est-ce que le mathématicien se souvient quand il trouve de nouveaux théorèmes ? le peintre quand il imagine un tableau ? la mère quand elle craint pour son enfant des périls imaginaires ? Si l'âme est une mémoire, c'est une mémoire qui invente, et quand l'âme invente, elle n'est plus une simple mémoire. La mémoire est la base d'un édifice ; gardons-nous de la méconnaître, mais ne nous refusons pas à voir ce qui, porté sur ces précieuses assises, s'élance vers le ciel. De cette proposition : l'âme n'est qu'une mémoire, sans doute un sensualiste admettrait le fond ; mais, en psychologue consciencieux, il rejetterait la forme : des souvenirs élaborés, dissociés, dont les éléments épars ont été réunis par un lien nouveau, ne sont plus des souvenirs après qu'ils ont subi ce double travail de décomposition et de recomposition ; ayant reçu une forme nouvelle, ils ne méritent pas de garder leur nom primitif.

A quelques lignes de distance, M. Luys nous propose une nouvelle formule ; il a changé de langage : cette fois, il parle optique. Il distingue dans l'activité du cerveau trois phases : « phase d'incidence, — phase intermédiaire, — phase de réflexion. » Le premier et le troisième de ces termes sont des métaphores sans valeur. Le second échappe à la critique par son insignifiance, nous dirions volontiers sa modestie ; mais, un peu plus loin, M. Luys, momentanément fidèle à l'ordre de comparaisons qu'il vient d'adopter, le traduit par une nouvelle métaphore tirée de la physique : « phosphorescence nerveuse. » Ainsi : 1° un rayon tombe sur le cerveau ; — 2° le cerveau le garde quelque temps, le cerveau est phosphorescent ; — puis 3° le cerveau renvoie le rayon. Et voilà le dernier mot de l'auteur sur la loi la plus importante de l'activité de l'âme ! En lisant ces théories, ou plutôt ces formules, comment ne pas songer malgré soi à notre grand comique et à ses plaisanteries devenues proverbiales sur la vertu dormitive de l'opium et sur les causes du mutisme chez les jeunes filles ?

Le langage favori de M. Luys est celui de la mécanique ; le mot *énergie* revient souvent sous sa plume. Ces sortes de termes, transportés hors de leur emploi spécial, perdent toute signification précise, et, ce qui n'est pas moins grave, M. Luys, en les employant,

Section II

s'expose de la part des positivistes vrais au reproche mérité d'avoir eu recours, dans un livre de science pure, aux idées métaphysiques si formellement condamnées par son école et si durement reprochées par elle aux vitalistes de Montpellier.[1]

Parler plusieurs langues est assurément légitime ; mais les parler toutes ensemble, dans la même page ou dans la même phrase, ne saurait l'être autant ; on ne peut vêtir d'un manteau aussi multicolore une science homogène et sérieuse. Quand notre auteur parle la langue de son sujet, la langue psychologique, il en combine les termes, comme au hasard de l'inspiration, avec des termes de mécanique, de physique, d'anatomie ou de physiologie vulgaire ; la réunion de ces éléments inconciliables engendre des expressions complexes et confuses dont l'étrangeté résiste à l'étude la plus impartiale et la plus consciencieuse et ne s'explique enfin que par les imperfections de la pensée qu'elles recouvrent. « Une science est une langue bien faite, » a dit Condillac. La maxime, sous cette forme absolue, est contestable ; mais il est certain qu'une langue mal faite est le signe d'une science mal conçue, d'une science dont la méthode est mauvaise et les bases mal assurées. Tel est malheureusement le cas ordinaire des psychologies physiologiques publiées en France, et M. Luys n'a fait qu'en exagérer les défauts habituels. Croirait-on qu'elle est d'un maître, du doyen actuel de la Faculté de médecine de Paris, la phrase suivante : « C'est par la mise en activité de la substance grise corticale du cerveau que *se manifestent* les divers phénomènes intellectuels [2] ? » Il faudrait dire tout au contraire : « L'activité de la substance grise corticale se manifeste à nous par les faits dits intellectuels. » Nous avons suffisamment démontré que, des deux phénomènes supposés correspondants, le phénomène apparent, connu, manifeste, est le phénomène psychologique ; le phénomène caché, inconnu, à découvrir, est le phénomène physiologique. Le connu ne se manifeste pas par l'inconnu, mais bien l'inconnu par le connu ; c'est même pour cela que la logique nous dit qu'il faut, en toute recherche, aller du connu à l'inconnu.

Mais ce n'est pas aller du connu à l'inconnu, ce n'est pas expliquer

---

1 M. Luys a été loué dans un recueil médical pour son style *vitaliste*, signe, disait-on, d'une tendance qui s'ignore.
2 Vulpian, *Physiologie du système nerveux*, p. 700.

Victor Egger

la psychologie par la physiologie, que mêler sans critique les deux sortes de phénomènes et les deux vocabulaires par lesquels on les désigne. Accolez une épithète anatomique au nom d'un phénomène intérieur ou une épithète psychologique au nom qui exprime soit un fait anatomique, soit une hypothèse physiologique, le résultat est le même : l'idée représentée par l'épithète n'ayant aucun rapport possible avec la chose à laquelle vous l'unissez ne pourra représenter une qualité de cette chose ; le substantif et l'adjectif étant contradictoires, leur alliance ne peut constituer qu'un non-sens. Ainsi *raisonnement cortical, désir des couches grises, irradiation gaie, irradiation triste,*[1] sont des expressions condamnées éternellement à ne rien signifier. Parler ainsi, c'est confondre des phénomènes qui peuvent être conditions les uns des autres, antécédents, conséquents, contemporains nécessaires, avoir des rapports de temps ou de causalité, mais qui ne peuvent avoir aucun rapport d'analogie, même lointaine, qui sont *deux* pour toujours, qui ne feront jamais *un* groupe unique de phénomènes.

L'usage d'une langue bien faite habitue l'esprit à penser correctement. Il ne faut donc pas s'étonner si l'habitude d'une langue *babélique* a entraîné M. Luys à d'étranges solécismes sur le fond même des choses. Quand il a distingué les trois opérations du cerveau (nous dirions *de l'âme*) : 1° sentir, 2° garder la trace de la sensation, ou se souvenir, 3° réagir, ou susciter des mouvements, il réunit dans la première opération trois ordres de faits très distincts, que toute bonne psychologie, même élémentaire, doit distinguer : d'abord les sensations que l'on peut appeler *objectives*, puisqu'elles nous font connaître des objets : voir, entendre, palper, etc., ensuite les sensations *subjectives*, appelées encore *sentiments passifs ; on les comprendra toutes dans cette formule : éprouver du plaisir ou de la douleur ; enfin les* sentiments actifs, *comme désirer, aimer, haïr, etc. Ces différences lui échappent ; il confond tous ces faits sous le nom commun de* sensibilité. *Or les sentiments passifs et actifs sont des faits où la causalité directe du corps, évidente dans la sensation, disparaît, des faits non pas semblables, mais parallèles aux souvenirs et aux faits de connaissance qui en dérivent, par conséquent des faits qui doivent être rattachés à la seconde opération et non à la première. Bien plus, dans les sentiments actifs, M. Luys aurait pu*

---

1 Nous ne citons pas ; ces exemples sont théoriques.

*voir quelque chose d'analogue à ce qu'il appelle la* réaction *(troisième opération) ; le désir est une tendance active au mouvement : c'est à tort, mais non sans motif, que le langage des anciens le confondait avec la volonté. Ainsi les faits compris par M. Luys dans la première opération débordent ce cadre trop étroit, envahissent la seconde, et touchent à la troisième.*

Voilà un exemple de classification malheureuse. En voici un de définition évidemment peu réfléchie. M. Luys définit la douleur par l'hyperesthésie. Dès lors, pour être conséquent, ne faudrait-il pas soutenir que le plaisir est une anesthésie, que la moindre sensation est la plus agréable, et que l'absence de toute sensation est le parfait bonheur ? La félicité se réaliserait donc par la mort ? Suivons cette idée en logiciens rigoureux : le rose plaît à l'œil, mais le rouge blesse la vue ! le rouge peut être appelé un rose douloureux, et le rose un rouge aimable ! Que l'hyperesthésie n'aille point sans la douleur, c'est une autre affaire. Epicure avait fondé sur cette vérité son art du bonheur ; son principe était que les plaisirs vifs sont toujours mélangés de douleur, que la pureté du plaisir est au prix de son peu d'intensité ; mais c'est là une loi qui relie l'hyperesthésie et la douleur, ce n'est pas l'identification de ces deux choses parfaitement distinctes, l'intensité de la sensation et sa qualité d'agréable ou douloureuse ; ces deux qualités ne se confondent pas, parce qu'elles se conditionnent en quelque mesure.

Inutile de multiplier les exemples ; ceux qui précèdent suffisent pour montrer tous les défauts de la méthode psycho-physiologique, et avec quelle légèreté ses partisans donnent pour des explications définitives soit de simples rapprochements de mots, soit des analogies vagues entre des phénomènes d'ordres divers.

## Section III

Loin de nous la pensée d'affirmer la vanité absolue de la physiologie du système nerveux. Malgré les préjugés antipsychologiques des savants adonnés à ce genre d'études, malgré les lacunes et les équivoques d'une méthode purement physiologique dans l'intention, inconsciemment et imparfaitement psychologique, la recherche des fonctions nerveuses, faite avec prudence par des esprits sagaces et rigoureux, a conduit les Claude Bernard, les Vulpian, les Charcot, d'autres encore, à des résultats que le psychologue serait mal venu à nier en présence de l'adhésion unanime des spécialistes. Nous voudrions seulement montrer que, réduite à ses seules forces, ou avec le sens commun pour unique auxiliaire, la physiologie du système nerveux rencontre assez vite des limites qu'elle ne peut dépasser.

Son point de départ, sa base d'opération, ne l'oublions pas, c'est la physiologie des organes non nerveux, physiologie relativement facile, car, dans ce domaine, les fonctions sont ou observables ou imaginables. Partant de là et procédant par analogie, la physiologie veut envahir le domaine obscur des fonctions nerveuses et arriver à le conquérir tout entier, jusqu'au cerveau inclusivement. Ce domaine, elle le circonscrit d'abord, elle en occupe les frontières, en déterminant lès fonctions des parties non nerveuses des organes des sens et les fonctions des muscles. De là, elle prétend s'avancer par une double voie, par les nerfs centrifuges et centripètes, jusqu'aux centres nerveux, la moelle d'abord, puis le cerveau, siège des fonctions les plus élevées.

L'étroite relation qui existe entre les nerfs et les organes non nerveux de la sensation ou du mouvement permet d'établir certaines lois, de déterminer à quelles conditions nerveuses correspondent la présence, l'absence, les degrés, les variations, des diverses sensations et des divers mouvements. Le conditionnement de ces faits peut être suivi des nerfs jusque dans les centres, avec quelles difficultés, ceux-là le savent qui l'ont essayé sans idées préconçues, sans parti-pris aveugle. Mais déjà il faut distinguer ici entre la sensation et le mouvement ; les centres moteurs peuvent être déterminés moins malaisément que les centres sensitifs : le mouvement se laisse observer du dehors, et cette observation fournit au physiologiste un fondement solide, savoir la nature exacte des phénomènes dont il cherche la cause, tandis que la sensation, fait psychologique, subjectif, ne peut être constatée que par celui qui l'éprouve. Or, la plupart du temps, le malade, ou trop ignorant ou trop affaibli, est incapable d'analyser avec quelque précision ce qu'il ressent ; le médecin, de son côté, est trop peu psychologue pour savoir diriger par des questions bien conduites la réflexion du malade et obtenir par ses réponses l'équivalent de l'observation directe à laquelle il ne

Section III

peut se livrer. Le caractère psychologique de la sensation explique comment la physiologie a obtenu jusqu'à présent de moindres résultats sur ce chapitre que sur celui du mouvement, et ce retard ne porte pas seulement sur les centres sensitifs, mais aussi sur les nerfs eux-mêmes, témoin le nerf du goût, encore problématique, malgré tant d'ingénieuses recherches.[1] Et dans l'étude même du mouvement, quand le physiologiste a déterminé un centre moteur, s'il peut affirmer avec précision sa découverte, c'est à la condition de rester dans les généralités et de dire qu'il y a là, à tel endroit, *une* condition, *une* cause de tel mouvement. Mais les conditions d'un mouvement peuvent et doivent être variées, et la physiologie n'a aucun moyen de les distinguer ; le psychologue, par exemple, distingue le motif, qui est une idée, le mobile, qui est un désir, et la volonté ; si le physiologiste reconnaît que trois centres président à un mouvement, pourra-t-il dire que dans l'un s'élabore le motif, dans un autre le mobile, et que dans le troisième se produit la volonté[2] ? Non ; il ne pourra les distinguer que par leurs positions respectives et par leurs caractères anatomiques. Il pourra dire : « Ici il y a une cause de mouvement, du mouvement de tel muscle, » et rien de plus ; si on lui demande ? « Quelle cause ? » il ne pourra rien répondre.

Ainsi, faute de données psychologiques, la physiologie du système nerveux sensitif est incertaine, celle du système nerveux moteur est incomplète. Ce n'est pas tout. Une autre lacune de ces sortes de recherches, c'est la définition physiologique du phénomène nerveux. L'organe est connu, il a une fonction ; mais quelle est-elle ? — C'est un mouvement, dit-on. — volontiers ; on suppose cela par analogie, et le fait est qu'il est difficile de comprendre une fonction qui ne serait pas un mouvement. Mais quelle sorte de mouvement ? — Un mouvement moléculaire. — Évidemment, puisqu'il est invisible. Et après ? Mystère. Pour dissimuler ce mystère, on peut faire appel à l'arsenal varié de comparaisons que fournissent les différents chapitres de la physique, l'électricité, le magnétisme, la thermodynamique, l'optique. Mais, nous ne nous lasserons pas de le répéter, on ne fait pas une science avec des

---

1 Voyez la *Physiologie* de Küss et Mathias-Duval, p. 466 à 474.

2 Nous ne prétendons pas que ces trois faits psychologiques doivent être localisés dans trois points différents du cerveau. Ce rapprochement, comme les exemples cités plus haut, est purement théorique ou dialectique.

Victor Egger

métaphores. Faute de mieux, il est donc sage de s'en tenir aux mots comme *innervation* et autres analogues, tautologies honnêtes, aveux sans fard d'une ignorance actuellement invincible, qu'il vaut mieux reconnaître avec franchise en attendant qu'on puisse aller plus avant et dépasser le point de vue provisoire où la science est actuellement confinée.

La vérité est qu'à moins de se borner à désigner les phénomènes nerveux par leurs substratums anatomiques, ce qui est illusoire, on est réduit à les définir par leurs résultats musculaires et visibles, ou bien, comme il arrive pour la sensation, par leurs correspondants psychologiques. Quand la physiologie emploie le premier moyen, elle reste du moins sur son terrain et elle peut atteindre le degré de sûreté que comporte l'emploi de sa méthode propre en ces matières ; quand elle emploie le second, sa marche est moins assurée : elle veut être indépendante, elle croit l'être ; elle ne l'est pas et ne peut l'être ; faute de le reconnaître franchement et d'aller à l'école des psychologues pour marcher d'un pas plus sûr,[1] elle balbutie des hypothèses chancelantes en un langage plein d'équivoques.

Si tel est déjà l'embarras de la physiologie nerveuse quand elle se borne à scruter ce que nous appelons les *rapports de l'âme et du corps*, les faits complexes où des organes visibles aux fonctions évidentes coopèrent à titre de causes ou d'effets à des actes dont une partie seulement reste dans l'ombre, quelle doit être son impuissance quand elle s'aventure dans cet ordre de faits où, pour parler notre langage, l'âme est indépendante, dans les régions purement et proprement psychologiques où s'élabore la pensée, où naissent et meurent les sentiments, dans la région de la science, de l'amour, de la passion, de l'imagination ! voilà la caverne de l'âme ! Arrivé là, que fera le physiologiste ? Son voyage à travers les nerfs, les centres moteurs et sensitifs, ne lui a pas appris la nature du phénomène nerveux : pourra-t-il faire de la physiologie, chercher les variations que présente ce phénomène dans les centres qu'il a jugé n'être ni sensitifs ni moteurs et auxquels il a attribué l'*idéation* ? Il ignore la psychologie : pourra-t-il chercher le lieu d'exercice ou le correspondant anatomo-physiologique de la mémoire, de

1 On rapporte que Gall disait : « Je demande des faits à mes amis, et je me charge ensuite de les localiser. » Il n'y a qu'un mot à reprendre à cette déclaration : Gall avait tort de s'adresser à ses amis ; au sujet des faits psychologiques, il eût été mieux renseigné par ses ennemis.

Section III

l'imagination, du raisonnement déductif, de la crainte, de la haine ? tout fil conducteur lui fait défaut ; il est enfermé dans un labyrinthe ténébreux, et il n'y apporte lui-même aucune lumière.

Mais supposons-le muni de tous les secours qui lui manquent, en possession d'une vraie science psychologique et d'une bonne définition du phénomène nerveux. Pourra-t-il, en bonne logique, tenir les promesses de ses préfaces, faire rentrer l'activité de l'âme dans la classe des fonctions physiologiques, ramener la nature humaine à l'unité, confirmer son affirmation présomptueuse que la psychologie *positive* ou *vraiment scientifique* n'est qu'un chapitre de la physiologie ? Le cerveau n'a plus de mystères ; toutes les fonctions de ses moindres parties sont découvertes ; la fonction cérébrale, en sa nature anatomo-physiologique, est aussi bien connue dans tous ses détails que la fonction du cœur, de ses cavités et de ses tissus. D'autre part, les faits de l'âme sont classés et définis ; les lois de leur enchaînement sont établies. Eh bien ! on a trouvé, je suppose, que telle cellule a pour fonction : un gonflement du nucléole, des mouvements amiboïdes de l'enveloppe, ensuite des mouvements péristaltiques des fibres qui y aboutissent ; voilà de la physiologie. Essayez maintenant de rattacher à ces phénomènes un quelconque de ceux-ci : doute, conviction, désir, joie, crainte, etc. C'est comme si l'on vous proposait, étant donnée une couleur, de trouver *le son de cette couleur*.

Je ne prétends pas qu'il serait impossible de démontrer que tel son correspond à telle couleur, si un même phénomène physique pouvait se manifester à nous sous cette double forme ; mais, une fois la loi de correspondance établie, le son et la couleur resteraient deux faits distincts et irréductibles. De même le désir et les mouvements nerveux : démontrer qu'ils se correspondent, ce ne sera pas diminuer d'un millimètre l'abîme infranchissable qui les sépare ; la science des mouvements organiques ne deviendra pas la science des faits inétendus ; elle n'absorbera pas la psychologie. On aura seulement créé une science supérieure qui reliera par des lois synthétiques et les phénomènes distincts et leurs lois particulières, comme la thermodynamique relie les phénomènes et les lois de la chaleur et de la mécanique. Cette science, on pourra l'appeler la *psycho-physiologie*, et, si nous la supposons faite, — mais nous sommes encore bien loin de pouvoir aborder avec sécurité de tels

Victor Egger

problèmes, — on conçoit que M. Herbert Spencer, édifiant sur elle une nouvelle forme du panthéisme, soutienne qu'une même réalité se manifeste à nous sous deux aspects différents. C'est là un moyen détourné de ramener la nature humaine à l'unité par la métaphysique, tout en reconnaissant l'irréductibilité des phénomènes. Mais cette métaphysique elle-même se heurte, soit à l'objection de M. Taine, qui fait remarquer que, de ces deux aspects, un seul, étant immédiat, doit être considéré comme vrai, savoir l'aspect inétendu, décrit par la psychologie ; — soit à celle des logiciens, qui soutiennent que l'irréductibilité des phénomènes ne permet pas d'opérer sur les substances une réduction dont le fondement légitime fait défaut.

Revenons aux conditions actuelles de la science, et, pour nous résumer et conclure, essayons de déterminer avec précision quelle est aujourd'hui la tâche de la physiologie cérébrale et quelle doit être sa méthode.

Avant tout, il faut se convaincre que cette partie de la physiologie présente des difficultés toutes spéciales. La physiologie vulgaire part d'un fait et en cherche un second qui a rapport avec le premier. La physiologie cérébrale part aussi d'un fait anatomique, l'organe ; mais le second fait est inconnu, presque inconnaissable, et remplacé dans les données par un troisième, qui lui correspond, mais ne lui ressemble en rien, et qui ne ressemble en rien au premier. Il faut partir du premier et du troisième pour deviner le second. Le problème ressemble donc à celui-ci : étant données les pièces d'un piano démonté, plus les sons d'un piano monté dont on joue, trouver les mouvements qui se passent dans l'intérieur d'un piano quelconque. Suivons cette image : le piano est l'organe ; le phénomène physiologique est-il la note entendue ou le coup de marteau que l'on ne voit pas ? c'est évidemment le coup de marteau. Or la note et le coup de marteau sont, de leur nature, hétérogènes. Si vous les confondez, si vous n'avez qu'un seul mot pour désigner une note et un coup de marteau, votre langage est absurde, votre pensée confuse ; nous ne savons quelle science vous voulez faire.

Quiconque a souci en pareille matière de parler un langage correct, de penser clairement et distinctement, de faire de la science rigoureuse et précise, devra tout d'abord nettement distinguer ces trois ordres de phénomènes : 1° les phénomènes anatomiques, 2°

les phénomènes physiologiques, que leur liaison nécessaire avec les précédents permet d'appeler *anatomo-physiologiques*, 3° les phénomènes psychologiques. Convenons ici, pour donner nous-même à notre langage plus de clarté et de précision, de désigner chacun de ces ordres de faits par un mot unique ; nous appellerons le premier l'*organe*, le second *la fonction*, le troisième l'*esprit*. A l'aide de ces termes simples, la méthode que nous voulons définir se formulera sans peine :

L'organe et l'esprit, voilà les bases ; quiconque aborde l'étude dont nous parlons devra être préalablement anatomiste et psychologue. La première chose cherchée, la première inconnue, c'est la fonction. Pour la découvrir, la connaissance de l'organe suffit ; mais, pour aller plus loin, il faut de plus connaître l'esprit. Aller plus loin, c'est chercher la corrélation que l'on suppose exister entre l'organe, la fonction et l'esprit, ou, plus exactement, entre l'organe et la fonction d'une part, la fonction et l'esprit d'autre part. Entre l'organe et la fonction, cette corrélation résulte de la nature même de la fonction, qui est un phénomène *anatomo-physiologiques* la fonction, c'est l'organe, plus quelque chose ; si on a la fonction, on a le rapport entre l'organe et la fonction, puisque la fonction, par définition, contient et suppose l'organe.

Mais le rapport entre la fonction et l'esprit est une seconde inconnue. Ce rapport ne sera jamais un rapport d'analogie ; ce sera un rapport de correspondance, de simultanéité ; l'esprit et la fonction sont, si l'on veut, les deux faces d'un même fait, ses deux traductions en deux langues différentes, la langue intérieure, inétendue, la langue extérieure, étendue ; quel mot d'un des deux langages correspond à tel mot de l'autre ? voilà le second problème.

Nous avons donc deux bases d'études et deux problèmes : deux bases, l'organe et l'esprit, le cerveau et l'âme, l'anatomie et la psychologie ; deux problèmes : la fonction, l'acte du cerveau, voilà le premier ; le second est le rapport entre la fonction cérébrale et l'esprit, entre, l'activité physiologique du cerveau et l'activité psychologique. La solution du premier problème sera la *physiologie du cerveau*, la solution du second sera la *psycho-physiologie*. Sans ces distinctions, sans cette méthode, la recherche marche au hasard, les bases en sont mal assurées, les conclusions rappellent les élucubrations de l'alchimie du moyen âge. La physiologie

Victor Egger

cérébrale ne méritera et n'obtiendra le respect des psychologues que lorsqu'elle se sera soumise à cette discipline, lorsqu'elle aura courbé le iront sous l'autorité de la logique, cette puissance impersonnelle qui a sur la science entière le même droit absolu que la loi morale sur les actions humaines.

Section III

ISBN : 978-1542711043

www.ingramcontent.com/pod-product-compliance
Lightning Source LLC
Chambersburg PA
CBHW072028280526
45788CB00007B/2722